This Notebook Belongs To:

_____

_____

_____

I am brave.

Soy valiente.

I am awesome.

Soy increíble.

I listen to my inner wisdom.

Escucho mi sabiduría interior.

I have good friends.
Tengo buenos amigos.

I am open to new and exciting possibilities.

Estoy abierta a nuevas posibilidades.

I am growing up well.
Estoy madurando bien.

I draw inspiration from life and my role models.

Me inspiro en la vida y en modelos ejemplares.

I am a good influence on others.

Soy una buena influencia en los demás.

I make friends easily.

Hago amistades fácilmente.

I enjoy spending time with myself.
Me gusta pasar tiempo conmigo misma.

I am a good friend.

Soy una buena amiga.

I reach for the stars.

Yo alcanzo las estrellas.

I am thoughtful and kind.

Soy pensativa y considerada.

I am strong, inside and out.

Soy fuerte, por dentro y por fuera.

I am gentle.

Soy gentil.

Miracles happen to me.

Los milagros me suceden.

I am joyful.
Soy alegre.

I am patient.

Soy paciente.

I give freely.
Yo doy libremente.

I am perfect just the way I am.
Soy perfecta tal como soy.

I keep my body healthy.

Mantengo mi cuerpo sano.

I enjoy healthy food.
Me gusta la comida sana.

I am ready to seize the opportunities of the day.
Estoy listo para aprovechar las oportunidades del día.

I care about others.

Me preocupo por los demás.

I am awesome.

Soy increíble.

Life is fun.

La vida es divertida.

I make the right decisions.

Yo hago decisiones correctas.

I can do anything.

Puedo hacer cualquier cosa.

I work hard.

Trabajo duro.

I feel joy in every corner of my body.

Siento alegría en cada rincón de mi cuerpo.

I enjoy being cheerful.
Me gusta ser alegre.

I am important.

Soy importante.

I am peaceful.

Soy pacifica.

I approve of myself.
Me apruebo.

My heart guides me.
Mi corazón me guía.

I trust my intuition.

Confío en mi intuición.

I am thankful for being who I am.

Estoy agradecido por ser quien soy.

I see the good in myself.

Veo lo bueno en mi misma.

I enjoy being happy.
Me gusta ser feliz.

I support others with love and kindness.

Apoyo a los demás con amor y amabilidad.

I enjoy absorbing knowledge like a sponge.

Disfruto absorber información como una esponja.

I am a winner.

Soy ganadora.

I am worthwhile of all the love and happiness in the world.

Meresco de todo el amor y la felicidad en el mundo.

I am beautiful.

Soy hermosoa.

I take care of my responsibilities.

Yo me ocupo de mis responsabilidades.

I trust the wisdom in me.

Confío en la sabiduría en mí.

I am a bright student.

Soy un estudiante inteligente.

I like myself.

Me gusto a mí misma.

I replace anger with compassion.

Reemplazo el enfado con compasión.

I am optimistic.

Soy optimista.

Every problem has an answer.
Cada problema tiene una solución.

I am kind.
Yo soy amable.

I can do it.

Yo puedo hacerlo.

I play well with others.
Juego bien con otros.

I'm intelligent.

Soy inteligente.

I am kind to others.

Soy amable con los demás.

I always find ways to overcome challenges.
Siempre encuentro formas de superar obstaculos.

I forgive myself for making a mistake.
Me perdono por haberme equivocado.

I believe in myself.

Yo creo en mi misma.

I believe in my dreams.

Creo en mis sueños.

I am trustworthy.

Soy de confianza.

I am compassionate.

Tengo campasión.

Thank you for purchasing our book!

We designed it with love and kindly hope you give us an honest ratng on Amazon.

By Kate and Sophie
ByKateAndSophie.com

Made in the USA
Coppell, TX
08 March 2025

46845132R00070